# VIE

## DU

# MARÉCHAL COMTE DE LOBAU.

IMPRIMERIE DE A. APPERT,
Passage du Caire, 54.

# VIE
## DU MARÉCHAL
# COMTE DE LOBAU,

### PAIR DE FRANCE,

#### COMMANDANT GÉNÉRAL DE LA GARDE NATIONALE
#### DU DÉPARTEMENT DE LA SEINE.

AVEC DES NOTES BIOGRAPHIQUES SUR PLUSIEURS CONTEMPORAINS.

### Par A. A. J. ROUVAL.

Mon Mouton, c'est un lion.
NAPOLÉON.

## PARIS,
### CHEZ TOUS LES MARCHANDS DE NOUVEAUTÉS.
### 1838.

# VIE

## DU

# COMTE DE LOBAU.

***

MOUTON (Georges), comte de LOBAU, grand croix de la Légion-d'Honneur, maréchal et pair de France, commandant supérieur de la Garde Nationale du département de la Seine, naquit le 21 février 1770, à Phalsbourg, dans le département de la Meurthe, qui revendique, parmi nos célébrités contemporaines, deux autres maréchaux, Gouvion-Saint-Cyr et Gérard, le général en chef Drouot et les généraux Klein (1), Rampon (2), pairs

---

(1) L'un des meilleurs généraux de cavalerie de notre ancienne armée, beau-frère du maréchal de Lobau.

Au moment où la mort frappait l'illustre maréchal, madame la comtesse de Lobau avait encore la douleur de perdre l'une de ses sœurs, mademoiselle Fanny d'Arberg.

(2) Il était soldat à l'âge de seize ans; fut nommé chef de bataillon et adjudant général le 5 octobre 1793, et élevé au grade de colonel peu de temps après. A la bataille de Montenotte, le 11 avril 1796, il fit jurer à ses soldats de périr plutôt que de céder,

de France, Bourcier, Lacoste, Hugo, et ce brave Fabvier, dont la Grèce régénérée a

---

et 15,000 Autrichiens furent repoussés trois fois. C'est du régiment qui l'avait pour chef que le général en chef Bonaparte dit, dans son rapport sur le combat de Lonato : « *J'étais tranquille, le 32ᵉ était là.* » A la bataille des Pyramides, il était à la tête des grenadiers qui enlevèrent les retranchemens des Turcs. Il entra le premier dans Suez, commandait l'aile droite à la bataille du Mont-Thabor. Nommé général de division, il combattit encore à Aboukir et à Héliopolis. Il fut nommé sénateur sous le consulat. Le général Antoine Rampon a servi jusqu'en 1813.

Son fils, qui a été officier supérieur, est le signataire de l'ordre du jour qui a annoncé, le 28 novembre dernier, à la France, la mort du commandant supérieur des gardes nationales du département de la Seine.

inscrit le nom en tête de ses plus braves, de ses plus constans et de ses plus généreux défenseurs.

Mouton était né soldat. Il avait reçu une des organisations militaires les plus prononcées qui aient jamais existé, et dont toute sa carrière n'a été que le brillant développement. Il joignait à une intelligence vive et rapide, cette puissance d'activité physique sans laquelle un homme de guerre ne peut que rarement se distinguer.

En 1792, l'amour du pays et de la liberté intérieure, la haine du joug et de l'invasion des étrangers entraînèrent sur la frontière l'élite de la nation. Le jeune Mouton s'engagea volontairement comme soldat au 9ᵉ bataillon de la Meurthe. Il fit les premières campagnes de la révolution, et était déjà capitaine à la 66e demi-brigade lorsque l'un des hommes les plus remarquables que la France ait produits, le général Meusnier, de Paris, le choisit pour aide-de-camp.

Il fut employé aux armées de Rome et d'Italie, après la mort de ce général(1), qui avait

---

(1) MEUSNIER ( Jean - Baptiste ), né à Paris, en 1754, avait inventé une machine pour dessaler l'eau de la mer, et imaginé de distiller l'eau dans le vide. S'apercevant que l'eau du résultat avait un goût fade, il eut l'idée de lui restituer l'air qui lui manquait, en adaptant à la machine une spirale. Les débris de cette machine et de quelques autres ont été dispersés malheureusement à la mort de Meusnier,

pris part aux travaux du célèbre et malheureux Lavoisier, et à ceux de la rade de Cherbourg., où il a laissé parmi les monumens de son génie des forges pour rougir les bou-

---

qui succomba à l'amputation de la jambe, par suite d'un coup de feu. En 1783, il expliqua une nouvelle construction de lampes ; c'est l'objet de son mémoire sur les lampes à cheminée qu'Argant exécuta le premier, que Lange perfectionna, et dont Quinquet voulut s'attribuer l'invention. On dut encore à Meusnier une machine ingénieuse pour la gravure des assignats en taille-douce ; il ne lui fallut qu'une demi-heure pour la trouver et pour en faire le calcul.

En apprenant la mort de Meusnier, le roi de Prusse ne put s'empêcher de dire : « *Il m'a fait beaucoup de mal, mais la France n'avait pas produit un plus grand homme.* »

lets, et des affûts de côtes et de mer très-précieux pour la prestesse et la facilité de leurs mouvemens.

---

Les Prussiens lui rendirent les honneurs funèbres, comme à un de leurs généraux. Ils lui en rendirent encore quand la colonne qui transportait en France les cendres de ce héros traversa leur camp. Nos ennemis, en s'unissant à nos regrets, devinrent un instant nos compatriotes; tant il est vrai que la puissance du génie est la première de toutes chez les peuples civilisés!

Quel homme que celui qui, jeune encore, chimiste avec Lavoisier; physicien, géomètre, mécanicien avec Monge; et, comme Fontenelle, parlant la langue, ou plutôt les différentes langues des sciences, meurt avant quarante ans, comme le modèle à la fois des savans, des artistes et des guerriers.

Nommé chef de bataillon à la 11ᵉ demi-brigade, Mouton avait été chargé du commandement du fort Saint-Ange et s'était fait remarquer dans plusieurs affaires par son sang-froid, son courage et la justesse de son coup d'œil, quand le général en chef Joubert lui offrit, comme le défenseur de Mayence, l'écharpe tricolore d'aide-de-camp.

Le 26 mai 1799, il fut nommé commandant provisoire de la 99ᵉ demi-brigade, et le 14 juillet suivant, le commandement définitif de la 3ᵉ demi-brigade lui fut confié par le vainqueur des Tyroliens et du Piémont, le général Joubert, et il commandait une brigade lorsque la mort, frappant ce jeune capitaine au commencement de la bataille de

Novi (1), lui épargna la douleur de voir le

---

(1) Dans sa trop courte carrière, le général Joubert déploya des talents qui firent concevoir de lui les plus grandes espérances; et si la mort ne l'eût point aussi tôt arrêté, tout porte à croire qu'il eût égalé nos plus grandes gloires militaires. Il était plein de bravoure et de loyauté; maître de toutes ses passions excepté de son courage dans un jour de combat, d'une générosité et d'une probité à toute épreuve. Joubert revenant du Tyrol, se présente chez le général Bonaparte; mais la sentinelle, qui a l'ordre de ne laisser entrer personne, lui refuse l'entrée; Joubert ne s'arrête point à cet obstacle et pénètre chez le général en chef, qu'il trouve entouré de cartes et de plans; là sentinelle le suit, et craignant d'être punie, cherche à s'excuser. *Va, mon ami, lui dit Bonaparte, celui qui a forcé le Tyrol peut bien forcer la consigne.*

Lorsque Joubert partit pour remplacer Moreau à

plus grand désastre dont une armée puisse

---

l'armée d'Italie, il venait d'épouser la fille de l'ambassadeur français Sémonville (aujourd'hui référendaire de la chambre des pairs), et comme s'il n'eût pas eu assez de gloire à lui offrir, il s'était arraché de ses bras pour voler en Italie cueillir de nouveaux lauriers. Il la quitta, pour ne plus la revoir. Le 15 août 1799, il donnait aux plus intrépides l'exemple du courage. *Camarades*, criait-il aux soldats, *la république nous ordonne de vaincre.* Ses troupes sont repoussées, il veut les ramener au combat; mais une balle le frappe au flanc droit et pénètre jusqu'au cœur. Il fait signe de la main et s'écrie encore : *En avant.* Il tombe de cheval, et ses derniers mots sont : « *Marchez toujours; couvrez-moi, que les Russes ne s'aperçoivent de rien.* » On rapporte que quelques instans avant la bataille, Joubert tira de son sein le portrait de sa jeune épouse, et s'écria en le regardant : « *Je* être la victime. Après la déroute de Schérer,

---

*l'ai promis à la république et à elle, je vaincrai ou je mourrai.* » Sa veuve faillit perdre la vie en apprenant la mort de son époux ; mais le ciel la réservait à d'autres destinées. Elle a uni son sort à celui du maréchal Macdonald, duc de Tarente

Le général Joubert, lors de son expédition du Tyrol en 1796, remit au commissaire ordonnateur Villemanzy (mort pair de France), la somme destinée à son traitement et à ses dépenses personnelles, avec l'injonction de l'employer aux besoins des troupes de sa division. L'orsqu'il prit possession du Piémont, le roi de Sardaigne, reconnaissant de ses soins généreux dans la mission difficile qu'il avait à remplir, le pressa de recevoir quelques tableaux du plus grand prix, mais il le remercia : *Vous ne devez pas me les offrir,* dit - il, *et je ne dois pas les accepter.*

la victoire sembla abandonner nos drapeaux. Cent mille Français avaient succombé aux désastres de la guerre; la France venait de perdre Coni, la dernière de ses conquêtes d'Italie.

Le successeur de Joubert, Championnet, l'âme brisée par les fatigues et le spectacle de la misère qui dévorait ses soldats et des exactions commises par les agents civils de la république, venait d'être atteint d'une épidémie, dernier fléau d'une armée naguère si florissante. Notre position était affreuse, le découragement augmentait tous les jours; il n'y avait plus d'argent, plus de magasins, pas même une poignée de paille pour reposer les malades ou pour recevoir les blessés. On ne connaissait plus ni chefs, ni discipline; la désertion était devenue presque générale, et des corps entiers rentraient en France de leur propre volonté; les généraux, eux-mêmes, donnaient l'exemple du désordre.

Le régiment d'infanterie que commandait le général Mouton, fut un de ceux qui, épuisés par toutes sortes de privations et de fatigues, virent un grand nombre de leurs braves abandonner momentanément leurs drapeaux pour aller chercher dans les rochers de la Ligurie un asile où la chair des chevaux leur offrît une dernière ressource contre les horreurs de la famine.

Le colonel Mouton parvint un des premiers à prémunir contre les suggestions du désespoir les soldats restés fidèles, à ramener la discipline et les déserteurs sous les drapeaux. Il créa des ressources contre la misère, et sa sévérité inflexible sut maintenir le bon ordre et préparer de nouveaux succès. Les jours de gloire ne se firent pas attendre pour ses soldats et pour lui; on les vit, le 11 avril, combattre et enlever six drapeaux à l'ennemi.

Après avoir pris part à tous les combats qui avaient précédé le blocus de Gènes, et notamment à Marcoroso, où par une charge aussi habile qu'audacieuse il assura la victoire aux Français en mettant en désordre les Autrichiens, il se signala encore par des actions d'éclat pendant le siège de Gènes, où jamais la valeur française n'avait rencontré tant d'obstacles, et ne s'était illustrée par tant de triomphes, siège qui suffirait pour immortaliser le nom du vainqueur de Zurich, de Masséna, que les ennemis de notre gloire nationale conduisirent, 18 ans plus tard, au tombeau (1).

Une balle lui ayant traversé le corps et le bras droit à une des attaques dirigées contre

---

(1) Le général Reille (Emmanuel), né à Antibes, le 1er septembre 1775, l'un de nos plus intrépides généraux, et qui, officier depuis 1792, ne déposa ses armes qu'après la bataille de Waterloo, où il eut deux chevaux tués sous lui, épousa, en 1814, la fille de ce maréchal, dont il avait été aide-de-camp lors des premières guerres de la révolution. Général de brigade en 1803, il a été élevé au grade de général de division le 30 décembre 1806.

le fort de Quezzi, le brave Mouton fut laissé pour mort sur le champ de bataille et ne dut la vie qu'au dévouement d'un de ses compagnons d'armes.

Rentré en France, le 3e régiment de ligne fit partie du camp de Boulogne, où Napoléon, qui avait remarqué la discipline et la belle tenue de ce corps et apprécié la supériorité des manœuvres exécutées par son colonel, éleva ce dernier au grade de général de brigade et l'admit au nombre de ses aides-de-camp, continuant ainsi d'associer à sa fortune tous ces hommes d'élite dont l'audace et la capacité militaires promettaient à son ambition un puissant secours.

Comme les maréchaux Lannes et Lefebvre,

les généraux Dessaix, Fressinet, Delmas, Lucotte et Fournier, Mouton conserva la simplicité des mœurs et la franchise de caractère de l'école guerrière enfantée par l'élan sublime du peuple. Il ne devint pas l'un des courtisans de la fortune de Napoléon, quoiqu'il fût l'un des plus ardents admirateurs de son génie militaire, quoiqu'il fît partie de son état-major.

Il le suivit dans toutes ses campagnes, se signala à Iéna et à Eylau, teignit de son sang les lauriers de Friedland, et fut désigné par Napoléon pour commander pendant les fêtes qui précédèrent la paix de Tilsitt les grandes manœuvres qui furent exécutées par nos troupes en présence de l'empereur Alexandre et du roi et de la reine de Prusse.

Promu, le 5 novembre de la même année, au grade de général de division, il fut employé comme inspecteur général d'infanterie et investi, peu de temps après, du commandement de la division d'observation des Pyrénées.

En 1808, lorsque nos soldats, qui avaient fait de si nobles efforts pour conserver notre liberté, allèrent combattre contre l'indépendance d'un peuple, notre plus ancien allié, le général Mouton fut appelé à cueillir de nouveaux lauriers en Espagne. Le 14 juillet, à la tête de sa division, il enleva Medina del Rio-Secco à la baïonnette, malgré la résistance opiniâtre de ses habitants, secondés et excités par les moines qui, comptant sur la victoire, avaient déjà préparé pour enchaîner leurs prisonniers une grande quantité de cordes et de fers que les vainqueurs trouvèrent sur le champ de bataille.

Mais déjà l'insurrection espagnole avait fait de rapides progrès. Nous avions réveillé le génie et l'ardeur d'une nation énervée, *ouvert*, selon l'expression de l'empereur, *une école aux soldats anglais* et appris à l'Europe que nous n'étions pas invincibles. Déjà était commencée la guerre de surprises, d'escarmouches, d'embuscades, qui devait décimer nos bataillons, à la destruction desquels femmes, vieillards, enfans concouraient par leur surveillance, par leurs renseignemens. L'armée française, trop faible pour résister, avait été forcée de se rapprocher des frontières.

Napoléon, jugeant que sa présence dans la Péninsule ramènerait la victoire sous nos drapeaux, y était accouru de Paris, décidé à reprendre l'offensive, et il avait aussitôt donné l'ordre au maréchal Soult de marcher sur Burgos.

Le général Mouton prit une part glorieuse au premier combat qui ouvrit cette nouvelle campagne. Chargé, le 10 novembre 1809, de reconnaître l'ennemi, appuyé à un petit bois en avant de Burgos, il fut assailli à Germonal par une décharge de trente pièces de canon. Continuant d'avancer au pas chargé, malgré les pertes qu'il éprouvait, il aborda l'ennemi, culbuta du premier choc les gardes wallones et espagnoles, et contribua ainsi à la prise de Burgos et à la déroute de l'armée d'Estramadure, qui avait égorgé en chemin le comte de Torrès, son général, et dont la perte, dans cette journée, fut de plus de six mille hommes, de vingt-cinq pièces de canon et de douze drapeaux.

L'année suivante, le général Mouton déploya le même courage; il montra les mêmes talens à la grande armée. Le lendemain de la bataille d'Abensberg, et la veille de la journée d'Eckmühl, il exécuta un mouvement et obtint un succès qui frappa d'admiration l'Emreur lui-même. Manœuvrant pour opérer sa jonction avec l'armée du prince Charles, le général autrichien Hiller, s'était jeté dans Landshut, derrière l'Iser; et Bessières venait de culbuter sa cavalerie, lorsque Mouton fit avancer au pas de charge, sur le pont de cette ville, dont la flamme dévorait déjà les parapets, les grenadiers du 17e de ligne, qui le franchirent avec intrépidité et pénétrèrent dans la place. Chassé de sa position, l'ennemi fut alors attaqué par Masséna qui débouchait par la rive droite. Ce mouvement, que l'empereur n'avait pas cru pouvoir ordonner, sépara les deux armées, dont la retraite ne fut plus qu'une effroyable déroute et nous valut 30 pièces de canon, 9,000 prisonniers, 600 caissons tout attelés et remplis de munitions, 3,000 voitures de bagages et d'équipages de pont; les hôpitaux et les magasins de l'ennemi. Des aides-de-camp, des courriers du général en chef et des convois de malades arrivant à Landshut, tombèrent également au pouvoir des Français.

Sa conduite, dans la journée du 21 mai 1809, ne fut pas moins brillante. Dirigés par le général Mouton, les fusiliers de la garde impériale se couvrirent de gloire et culbutèrent la réserve formidable de l'ennemi, composée de tous les grenadiers de l'armée, et ils entrèrent dans le village d'Essling, dont les Autrichiens s'étaient emparés quatre fois le même jour.

On sait que, dans cette journée, il était refoulé, pressé sur les bords du Danube par des corps ennemis quatre fois supérieurs au sien. Ce qu'on ne sait pas, c'est qu'il allait manquer de munitions au milieu de l'action la plus vive. L'empereur s'étonna lui-même de cette héroïque résistance. Il envoya Rapp lui dire de cesser le combat. Le général

Mouton, avec ce sang-froid qui ne l'abandonnait jamais, dit à son frère d'armes : *Jetez les yeux autour de vous, du point où nous sommes ; vous savez le métier : voyez si nous avons d'autre parti à prendre que celui de nous faire tuer sur la place.* L'ennemi céda devant cet admirable courage. Le comte de Lobau lui dut son titre et l'armée son salut.

M. le docteur Varéliaud, ex-chirurgien de l'empereur, qui a fait connaître ce trait, ajoute que le général, resté l'un des derniers sur le lieu du combat, pour surveiller la retraite de son corps d'armée dans l'île de Lobau, eut à cette affaire la main traversée par une balle, que cette blessure, fort grave, et à peine cicatrisée au bout de quatre mois, ne l'empêcha pas d'assister, quarante-cinq jours après, à la bataille de Wagram, où elle ne lui avait pas permis d'avoir un commandement, et que cette généreuse imprudence faillit entraîner une amputation.

Le 30 juin 1811, il fut promu au grade de grand officier de la Légion-d'Honneur avec les généraux Gassendi (1), Dessaix (2), Durosnel (3), Harispe (4) et Hullin (5).

---

(1) Général d'artillerie, décédé.

(2) Né en Savoie, ancien colonel de la légion des Allobroges, ancien député au conseil des cinq-cents, fut l'un de nos meilleurs généraux d'avant-garde. Il est mort couvert de blessures.

(3) Né à Paris, le 9 novembre 1771; fut nommé général de brigade le 24 décembre 1805, pour sa conduite brillante à Austerlitz. D'autres actions d'é-

Napoléon avait résolu cette célèbre et fu-

---

d'éclat le firent élever, le 16 avril 1809, au grade de divisionnaire. Il était aide-de-camp de Napoléon.

(4) Né le 5 novembre 1768, à Saint - Etienne ( Basses-Pyrénées ) ; colonel en 1794. Laissé pour mort sur le champ de bataille d'Iéna, il obtint, trois mois après, le grade de général de brigade, et fut nommé, le 12 octobre 1810, général de division. Ce général, dont la dernière blessure, sous les murs de Toulouse, en 1814, a nécessité l'amputation du pied droit, commande aujourd'hui le corps d'observation des Pyrénées. Ainsi que les précédens, il était resté sans emploi sous la restauration.

(5) S'était distingué au siége de la Bastille, et depuis sur plusieurs champs de bataille ; commandait la 1re division militaire à Paris, lors de la conspiration Malet.

neste expédition, qui engloutit les trésors et les armes de la France et que suivirent tant de désastres. Le comte de Lobau fit partie de cette armée immense qui, composée d'Italiens, d'Autrichiens, de Westphaliens, de Bavarois, de Prussiens, de Saxons, d'Espagnols et de Portugais, était commandée, sous les ordres de l'empereur, par deux rois, un prince polonais, et par les généraux français les plus renommés. Elle s'élevait à 500,000 combattans.

Depuis Xercès, le monde n'avait pas vu un rassemblement aussi prodigieux. Depuis Xercès non plus, il n'avait pas été témoin d'une destruction plus soudaine et plus effroyable.

Le comte de Lobau, qui avait été nommé

aide-major-général de l'infanterie, attaché à l'état-major impérial, partagea la gloire et les dangers de cette campagne si fatale, et revint avec l'empereur, lorsque deux jours après avoir tracé ce célèbre vingt-neuvième bulletin qui consterna la France et tous ses alliés, Napoléon remit le commandement de notre malheureuse armée, au roi de Naples, son beau-frère.

Oubliant ses douleurs pour ne songer qu'à réparer ses pertes et venger sa gloire, la France venait de donner une nouvelle armée à celui qui n'avait ramené des champs glacés de la Russie qu'un petit nombre de guerriers.

Le premier ban des gardes nationales de l'empire, levé dans l'intérieur, lors de la campagne de Russie, fut dirigé sur l'Allemagne, où notre armée d'Espagne envoya des troupes. Une levée de 35,000 conscrits fut destinée à remplacer les aînés de la nation, tués sur les champs de bataille, morts de froid ou de faim, ou faits prisonniers dans les immenses déserts de la Russie.

Bientôt fut ouverte cette campagne où nous vîmes nos alliés passer de nos rangs dans ceux de nos ennemis, plus forts de 140,000 hommes, et commandés par tout ce que l'Europe possédait de grandes réputations militaires, et où les Français, aussi braves qu'aux jours de leur prospérité, firent encore des prodiges de valeur, et parvinrent à arracher à l'inconstante fortune ses dernières faveurs.

Lobau combattit en Saxe et y soutint sa belle réputation. Le 15 septembre 1813, au combat de Giesshubel, il attaqua la droite de l'ennemi, et le 17 octobre suivant, montrant sa valeur et ses talens accoutumés, il contribua à la victoire de Racknitz. Placé la même année à la tête du 6ᵉ corps de l'armée, et resté à Dresde après la bataille de Leipsick, où l'on vit se renouveller les désartres de la Bérésina, il partagea le sort de son compatriote, le maréchal Gouvion-Saint-Cyr qui, entouré d'ennemis de tous côtés, et ayant vainement tenté de s'ouvrir un passage, fut, pour épargner le sang français, dans une défense devenue impossible, obligé d'accepter une capitulation honorable, dans laquelle il était stipulé que les troupes françaises rentreraient en France avec leur artillerie. Au

mépris de la loi des traités et du droit des
gens, le maréchal Gouvion, le comte de Lobau, furent retenus prisonniers et envoyés
en Hongrie avec plusieurs généraux, parmi
lesquels il faut citer le brave général Teste(1),

---

(1) Nous extrayons de la Biographie universelle
et portative des Contemporains, le passage suivant,
qui concerne son frère, aujourd'hui membre de la
chambre des députés, et bâtonnier de l'ordre des
avocats de Paris.

« Il vint à Paris en 1815, vit l'empereur, et fut
chargé par lui de l'importante mission de pacifier les
départemens du midi. Il y parvint, et montra, en
s'acquittant de cette tâche difficile, qu'il était également ennemi du désordre, de quelque part qu'il vint.
Nommé la même année lieutenant-général de police
à Lyon, il se rendit dans cette ville. Peu de jours

signalé depuis 1792 comme un des plus braves soldats, comme un de nos meilleurs citoyens, et à qui, depuis 1830, a été confié le commandement de la 14ᵉ division militaire, dont le chef-lieu est Rouen.

---

après, les suffrages de ses concitoyens l'appelèrent à la chambre des représentans; mais il ne vint point y siéger, se laissant tromper en cela par un artifice de Fouché, qui, redoutant sa présence à la tribune, théâtre où la nature l'appelait surtout à figurer, lui expédia une dépêche télégraphique pour l'exhorter, au nom de l'empereur, à ne point quitter le poste important qui lui était confié. Il y rendit en effet d'éminens services, surtout lorsque le peuple se souleva pour s'opposer à l'exécution de la capitulation qui venait d'être signée. La ville alors était livrée au désordre le plus effrayant; les symptômes d'une nou-

Nos légions, dont le courage avait triomphé de tous les peuples de l'Europe, se virent forcées de défendre le sol de la patrie contre 600,000 étrangers, accoutumés à trembler devant elles, et le chef qui les avait gui-

---

velle guerre civile s'y montraient de toutes parts. Teste se jeta au milieu de la multitude irritée, ne la quitta point un seul instant, la harangua sur toutes les places publiques qu'elle couvrait, et par son éloquence, alors dans toute sa force, parce qu'elle se déployait dans sa véritable sphère, il parvint à diminuer les mouvemens de cette masse agitée, à apaiser ses fureurs, et à préserver des plus grands malheurs la ville dont la sûreté avait été remise en ses mains. Les Lyonnais n'ont point oublié le noble caractère, l'énergie et le talent qu'il déploya dans cette grave circonstance. »

dées sous le soleil du midi et à travers les glaces du nord, ne pouvait leur opposer que cent mille soldats, et il avait à lutter à la fois contre le découragement du peuple, l'opposition du corps législatif et l'apathie, la mauvaise volonté des hommes qui, comblés de ses faveurs, n'avaient plus rien à espérer de sa munificence.

Si quelques-uns de ceux qu'il avait placés à la tête des affaires, qu'il avait appelés sous sa tente, qui se trouvaient à ses côtés au milieu des périls qu'il affrontait en remplissant tous les devoirs d'un grand capitaine, eussent été fidèles, s'ils eussent conservé l'énergie de leur devoir, si la tombe, si les prisons de l'ennemi ne s'étaient pas ouvertes pour ses anciens compagnons, ces amis de la patrie et de la vérité dont il écoutait les avis; nous n'en doutons pas, les phalanges étrangères eussent trouvé leur tombeau dans notre pays et les revers de la Bérésina et de Leipsick eussent été vengés.

Il en fut autrement. La France, épuisée de sang et de ressources, lasse d'ailleurs de vingt-deux ans de combats et du despotisme militaire, se vit dépouillée d'une partie de son territoire et des forteresses qui couvraient ses frontières, par les peuples que ses immortelles victoires et la conquête de la moitié de l'Europe avaient blessés dans leur intérêt et dans leur orgueil. Nous vîmes insulter les monuments de nos triomphes par les barbares de l'Ukraine.

Rappelé au trône de France par un sénat dont, à l'époque du couronnement de l'empereur, il avait contesté l'existence légale, Louis XVIII, après vingt-trois ans d'exil, toucha le 24 avril, le sol français, dont la révolution semblait l'avoir banni à jamais. Le 2 mai, il s'engagea, par la déclaration de Saint-Ouen, à adopter une constitution libérale, et le 4 il entra dans la capitale, occupée par les armées étrangères, et où son frère l'avait précédé de quelques jours.

Les Français pensèrent qu'instruit par le malheur, et éclairé par sa position, ce monarque saurait asseoir son autorité sur les intérêts et les opinions de la majorité de la nation et faire oublier qu'il était revenu prendre la couronne à travers leurs champs dévastés et leurs villes saccagées par les alliés. On crut à un règne de modération et de justice. Le calme et l'espérance succédèrent aux inquiétudes qui avaient agité tous les cœurs. La France constitutionnelle présentait un avenir heureux dont jusqu'à ce jour la réalité n'avait été qu'un rêve. Les temps anciens et les temps modernes se trouvaient réunis par une alliance qu'on croyait indissoluble. Le maréchal Lobau, rentré dans sa patrie, partagea l'espérance des Français.

Mais bientôt l'armée fut insultée par des écrivains à gages ou par des généraux vieillis loin des combats; les indemnités promises aux défenseurs de la patrie, furent confisquées au profit de ses agresseurs. L'agriculture et le commerce eurent à craindre d'anciennes entraves; la manifestation de la pensée rentra sous l'ignoble tutelle d'une censure rigoureuse, les ventes des propriétés nationales furent attaquées; toutes les existences péniblement et honorablement acquises furent détruites; des services funèbres furent destinés à consoler les mânes des plus implacables ennnemis de notre glorieuse révolution de 1789; le clergé prêcha le retour de son ancienne influence; la religion fut compromise par l'avidité, l'ambition et l'intolérance de ses ministres.

Voulant profiter du mécontentement national, Napoléon, dont l'exil à Sainte-Hélène venait d'être décidé au congrès de Vienne, quitta l'île d'Elbe, débarqua à Cannes et arriva à Paris après avoir vu sur son passage arborer partout le drapeau de Fleurus et de Wagram.

Le comte Lobau, que le gouvernement du roi avait, comme tant d'illustres généraux, laissé sans emploi, reçut de l'empereur, le commandement des départements qui forment la première division militaire et dont le chef-lieu est Paris, et il fut élevé à la pairie.

Les puissances alliées se préparèrent avec la plus incroyable célérité à une invasion nouvelle de notre territoire. Non moins actif, Napoléon, ne pouvant, par ses transactions politiques, conjurer l'orage qui le menaçait, hâta ses dispositions pour résister par la force aux armées européennes. Il organisa une armée et la guerre se déclara. Le 15 juin, les opérations militaires commencèrent, et nos troupes, dont l'effectif était de cent six mille hommes, y compris dix-huit mille de cavalerie,

entrèrent en Belgique avec trois cents bouches
à feu.

Le comte de Lobau, chargé du commandement du 6^me corps de cette armée, tenait la
droite à la bataille de Mont-Saint-Jean. Il
avait reçu l'odre d'arrêter la marche de Bu-
low, et avait résisté glorieusement dans cette
journée à un ennemi cinq fois plus nombreux,
sur lequel il avait remporté plusieurs avanta-
ges, lorsque surpris par les Prussiens, au moment où il ralliait les débris de l'armée, il fut
fait prisonnier et conduit en Angleterre.

Cependant Napoléon, qui n'avait eu qu'à
paraître pour ressaisir, sans effort comme
sans péril, le sceptre que l'inconstance de la
fortune et la trahison lui avaient fait perdre,

délaissé à son tour par l'opinion qu'il avait abusée et n'ayant plus d'autre appui qu'une faible armée, subit une seconde déchéance et alla, comme Coriolan, Thémistocle ou Alcibiades, demander une retraite à ses plus cruels ennemis.

Louis XVIII, arrivé aux Tuileries le 8 juillet, avait signé le 24 du même mois des listes de proscription ou de mort contre des hommes dont les noms étaient glorieusement inscrits dans nos fastes civils et militaires. La justice avait fait place à la vengeance. Les commissions militaires et les cours prévôtales avaient remplacé les tribunaux ordinaires, et le fer des bourreaux frappait ceux que le feu des batailles avait épargnés. Le général Lobau, obligé d'aller chercher un asile en

Belgique, n'obtint que vers la fin de 1818 l'autorisation de rentrer dans sa patrie.

Le 1ᵉʳ janvier 1819, il fut rétabli sur la liste des officiers généraux en non activité, et le 9 juin suivant, fut placé comme disponible dans le cadre de l'état-major général de l'armée.

En 1828, les électeurs du département de la Meurthe voulurent être représentés à la chambre des députés par un homme resté fidèle aux principes de 1789 et qui n'eût reçu aucune faveur de la restauration. Ils firent choix du général Lobau, dont la fermeté de caractère et la modération leur étaient connues et dont Napoléon, captif à Sainte-Hélène, regrettait de n'avoir pu récompenser les talents et le dévouement à la patrie en lui donnant le bâton de maréchal de France.

Le vieux guerrier, qui avait, en plus d'une circonstance, fait entendre les accents de la vérité au conquérant dont la puissante épée avait châtié tous les rois de l'Europe, justifia la confiance de ses concitoyens. Il prit place dans les rangs de cette opposition courageuse qui défendit avec autant de talent que d'énergie contre les attaques sans cesse renouvelées du parti oligarchique, les intérêts et les droits garantis par la constitution.

Mais quarante ans de discussions, de guerres et d'anarchie, n'avaient point passé vainement sur nos têtes. Ils avaient déposé dans les esprits, depuis les premières jusqu'aux dernières classes, les mêmes sentiments de dignité, d'ordre et de liberté réelle. Après les ordonnances du 26 juillet 1830, trois jours suffirent à une population, désarmée et sans chefs, pour renverser et proscrire une dynastie qui s'appuyait sur le droit divin et pour établir, d'un consentement universel, une nouvelle constitution et une nouvelle dynastie (1).

---

(1) Le plus populaire des écrivains, Paul-Louis Courier, vigneron, dans une lettre imprimée en 1822, a fait ainsi l'éloge du prince appelé au trône par la nation :

. . . . . . . . . . . . . . . . . . . . .

« Il est de notre temps, de ce siècle, non de l'autre, ayant peu vu ce qu'on nomme l'ancien régime. Il a fait la guerre avec nous, d'où vient qu'il n'a pas peur des sous-officiers ; et depuis, émigré malgré

Le comte de Lobau protesta avec soixante-

---

lui, jamais il ne fit la guerre contre nous, sachant trop ce qu'il devait à la terre natale, et qu'on ne peut avoir raison contre son pays. Il a fait cela et d'autres choses qui ne s'apprennent guère dans le rang où il est. Son bonheur a voulu qu'il en ait pu descendre, et, jeune, vivre comme nous. De prince il s'est fait homme. En France, il combattit nos communs ennemis; hors de France, il a travaillé pour vivre. De lui n'a pu se dire le mot *rien oublié ni rien appris*. Les étrangers l'ont vu s'instruire et non mendier. Il n'a point prié Pitt, ni supplié Cobourg de ravager nos champs, de brûler nos villages, pour venger les châteaux. De retour, il n'a point fondé de messes, de séminaires, ni doté des couvens à nos dépens; mais sage dans sa vie, dans ses mœurs, il a donné un exemple qui prêchait mieux que les missionnaires. . . . . . . . . . . . . . .

deux autres députés patriotes, contre les me-
sures que les conseillers de Charles X ve-
naient de faire prévaloir, pour le renverse-
ment du système légal des élections, et la rui-
ne de la liberté de la presse.

Le 30 du même mois, il fut nommé l'un des
cinq membres de la commission municipale
chargée de régulariser les mouvements si for-
midables et si spontanés de la population pa-
risienne, et d'aviser aux moyens d'assurer la
subsistance de la capitale où venait de s'ac-
complir une révolution qui fera l'étonnement
et l'admiration des siècles à venir, car l'his-
toire n'a rien à lui comparer, car elle est l'é-
vénement le plus grand des annales humaines.

Le général Lobau fut aussi l'un des premiers à reprendre ces couleurs naguère proscrites, symbole de l'indépendance nationale et que la victoire avait fait respecter dans les deux mondes, ainsi que l'avait prédit l'ami de Washington le 26 juillet 1789. Le 30 novembre suivant, il fit partie d'une commission créée pour examiner un projet d'ordonnance sur l'organisation du cadre des officiers généraux de l'armée.

En novembre 1830, lorsqne le soin de sa santé compromise depuis long-temps dans les luttes contre la tyrannie et les circonstances difficiles où nous nous trouvions, forcèrent Lafayette à donner sa démission de commandant en chef de la Garde Nationale du département de la Seine, le général comte de Lobau fut choisi par le roi pour remplacer le vétéran de la liberté, le général que le suffrage universel des citoyens de Paris, avait, lors de l'insurrection populaire de 1830, proclamé le chef de cette milice citoyenne, fondée, régularisée, disciplinée par lui, plus de quarante ans auparavant.

Le 7 février de l'année suivante, Lobau fut compris dans le cadre d'activité de l'état-major de l'armée, et le 30 juillet 1831, il fut élevé à la dignité de maréchal de France.

Nous empruntons ici quelques lignes à un article du journal des Débats :

« Le premier soin du maréchal fut de donner de l'organisation et du nerf à la force qu'on plaçait entre ses mains. Il eut l'abnégation rare de ne pas sacrifier au désir d'une vaine popularité. Ce fut par des moyens austères, ce fut en améliorant la garde nationale, en se dévouant à ses vrais intérêts qu'il voulut assurer son propre ascendant. Il substitua une volonté unique au caprice de tous, il introduisit la discipline et fit sentir aux officiers le besoin de l'instruction. C'est ainsi qu'il amena la milice bourgeoise à former ce corps si consistant, si militaire qui se trouva tout prêt au jour du combat.

« Tout en organisant cette force redoutable, il fallait en régler l'action; œuvre délicate à l'égard d'une agrégation où toutes les opinions étaient représentées. Là, encore, le maréchal fut admirable. Toujours étranger aux brigues, aux cabales, il ne souffrit jamais que la garde nationale parût l'instrument de calculs mesquins et transitoires. Il proposa à tous un but dans l'intérêt de tous : la défense de l'ordre. Ce fut avec cette idée simple, ce fut autour de ce drapeau qu'il rallia constamment la cité armée ; du reste, ne connaissant lui-même ni les hésitations, ni les arrière-pensées. Par cette conduite ferme et mesurée, il obtint la confiance des plus ombrageux, le respect des plus emportés ; son autorité morale sur un corps qui n'en connaît guère d'autre, devint immense ; et dès lors, il lui fut facile de diriger sûrement la garde nationale vers l'accomplissement de sa mission.

» Mais le maréchal Lobau, dès qu'il toucha au succès, dut s'armer d'une intrépidité de cœur encore plus complète et plus haute qu'en aucun temps de sa vie. Les factions sont douées d'un sens merveilleux pour deviner ceux qui leur font obstacle. L'anarchie reconnut bien vite son inébranlable ennemi. Aussitôt l'illustre, le patriote maréchal fut en butte aux plus viles attaques ; chaque jour de plus dégoûtantes invectives. Des hommes qui n'avaient rien fait pour leur pays abreuvaient d'injures le vieux soldat criblé de cicatrices. Ces hommes n'avaient prouvé leur amour de la liberté qu'en essayant de renouveler d'horribles saturnales, et ils osaient attaquer celui qui, dès sa jeunesse, avait risqué mille fois sa vie pour cette sainte cause, celui qui, dans une vieillesse fortunée et glorieuse, venait encore d'exposer sa tête pendant la révolution de juillet. Au milieu d'un si furieux déchaînement, le maréchal garda toujours ce sang-froid qui ne voit que le but et ne s'en laisse pas détourner. Son sang généreux ne s'aluma pas aux outrages. Sans colère comme sans faiblesse, il opposa à tous ces coups, ce même front impassible qu'il levait autrefois si haut devant les boulets.

« Ah ! sans doute, le courage lui était plus facile dans ces jours à jamais déplorables où le canon tonnait dans nos rues, où la garde nationale, appelée à la défense des institutions, écrasait l'anarchie sous le poids de ses armes ! Dans ces momens terribles, où le sort de la guerre civile décidait de l'avenir du pays, où la défaite eût été irréparable, combien était simple et imposant celui sur qui reposaient de si hautes destinées ! Alors, secondé

par le brave et fidèle général Jacqueminot (1),
entouré de cet état-major si dévoué, au milieu des légions citoyennes dont il savait si

---

(1) Fils du vénérable sénateur de ce nom, se voua,
au sortir du lycée, au noble métier des armes, se
distingua par sa valeur, et était déjà colonel lors de
la déchéance de Napoléon. Rejeté par la restauration,
et nommé député, il combattit à la tribune pour
les principes de liberté qui avaient été la passion de sa
jeunesse. Tout le monde connaît la noble part qu'il
prit un des premiers à la révolution de juillet. Il mar-
cha, avec le brave général Pajol, à la tête de 15,000
volontaires ou gardes nationaux qui se dirigèrent sur
Rambouillet, où l'ex-roi et sa famille s'obstinaient à
rester. Le comte Jacqueminot unit au courage du
champ de bataille l'aménité des mœurs et la modes-
tie; il ne saurait être remplacé dans la garde nationale, dont il a su se concilier l'estime et l'affection.

bien régler le courage, il communiquait à tous son calme imperturbable, sa froide résolution, et chacun, après l'avoir vu, marchait au feu plus confiant et plus ferme.

« Dans cette garde nationale qu'il était fier de commander et qui montra sous ses ordres tant d'union, de force, de patriotisme, il retrouvait souvent des hommes qui avaient déjà fait leurs preuves en d'autres temps, sous ses yeux. Un jour, un officier dont il avait remarqué la conduite, fut désigné par lui pour obtenir une récompense. « Dites à M. le maréchal que son souvenir m'honore, répondit l'officier, qu'on avait instruit de ses intentions; mais que cette distinction si flatteuse, j'en avais déjà reçu la promesse, il y a bien des années. » Le maréchal voulut voir l'officier. « M. le maréchal,

« lui dit celui-ci, dans la campagne de 1813, en
« Saxe, un officier général prenait un instant
« de repos aux avant-postes, dans un moulin.
« Une compagnie de grenadiers bivouaquait
« quelques pas en avant. L'ennemi, conduit
« par des paysans, força tout-à-coup nos li-
« gnes. Du haut du moulin, où il se montrait
« à découvert au feu de l'ennemi, l'officier gé-
« néral cria aux chefs des grenadiers : *Défen-*
« *dez vivement ce poste, il couvre deux divisions!*
« Le poste fut défendu, M. le maréchal ; mais
« tous les officiers périrent, sauf un seul, à qui
« le général promit la croix. — Mais le général,
« c'était moi, dit le comte Lobau. — Et l'offi-
« cier resté seul, c'était moi, reprit le colonel
« Chapuis (1), de la 4ᵐᵉ légion. — Ah ! colonel,

---

(1) D'autres chefs de légions ont aussi figuré dans

« dit le maréchal en lui serrant la main, je vous
« ai long-temps cherché et je vous retrouve tou-
« jours le même. »

Le 27 novembre dernier, on apprit que le
maréchal comte de Lobau, atteint le samedi
soir d'une fluxion de poitrine, était mort pendant la nuit, et que le roi, aussitôt qu'il avait

---

nos armées; le colonel Loubers, de la 3ᵉ, a suivi Napoléon à l'île d'Elbe, a été colonel dans la garde
impériale. Un ancien aide de camp de Lafayette, M.
Delarue, qui unit les vertus du citoyen au courage
militaire, commande la 8ᵉ légion, et a pour lieute-
nant-colonel un ancien élève de l'Ecole Polytechni-
que, M. Félix Beudin, l'un des députés du département de la Seine.

été informé de cette perte, avait adressé à sa veuve la lettre suivante :

« Ma chère maréchale, le coup terrible
« qui vient de vous frapper me pénètre de
« la plus vive douleur, et je veux vous ex-
« primer moi-même combien je partage la
« vôtre et celle de vos enfans. Vous savez
« combien j'étais attaché à celui que vous
« pleurez et combien je l'appréciais. Sa perte
« sera vivement sentie, non-seulement par
« cette brave garde nationale à laquelle il
« avait su inspirer tant de confiance et d'af-
« fection dans des temps aussi difficiles,
« mais encore par l'armée dont il avait tant
« de fois partagé les dangers et la gloire, et
« elle le sera également par la France toute
« entière.

« Recevez, ma chère maréchale, avec l'ex-
« pression de ces sentimens, l'assurance de
« tous ceux que je vous garderai toujours. »

Votre affectionné,

Louis Philippe.

Paris, le 27 novembre 1838.

La veuve du grand citoyen dont nous dé-
plorons la perte est une demoiselle d'Alberg,
descendant des princes souverains de Neucha-
tel, et nièce de la belle et spirituelle comtesse d'Albany (1), dont le père, Gustave-

---

(1) Louis XV et ses alliés d'Espagne et de Naples
ayant intérêt à protéger le dernier des Stuarts, firent
épouser à la jeune Louise-Maximilienne de Stolberg
le prince Charles-Edouard, qui avait soutenu avec

Adolphe, prince de Stolberg, commandant au corps de cavalerie, fut tué à Lissa le 5 décembre 1757.

Elle a trois filles, dont l'une a épousé un des membres de l'honorable famille des Turgot,

---

tant de courage ses prétentions au trône d'Angleterre, et qui prit plus tard le nom de comte d'Albany.

C'est à la comtesse d'Albany que le célèbre Victor Alfieri disait, en lui dédiant une de ses tragédies, celle qu'il estimait le plus : « *Vous êtes la source où je puise mon génie, et ma vie n'a commencé que le jour où elle a été enchaînée à la vôtre.* »

Ils vivaient l'un et l'autre dans une grande intimité, et avaient, dit-on, contracté à Paris un mariage secret, lorsque, retournant en Italie, après le 10 août 1792, leur voiture fut arrêtée par le peuple, qui a fourni à Paris un de ses prévôts des marchands les plus distingués, et à la France un de ses plus grands hommes d'état, un de ses ministres les plus désintéressés, Turgot, qui n'eut d'ennemis que les courtisans dilapidateurs du trésor public, et dont Louis XVI

---

qui détela leurs chevaux en présence de la garde nationale, restée immobile, et les força de retourner dans leur domicile. Lorsqu'ils parvinrent à réaliser leur projet de voyage, ils furent inscrits sur la liste des émigrés, on envahit leurs appartemens, les valeurs qui s'y trouvaient furent enlevées, et la riche bibliothèque d'Alfieri entièrement détruite. Madame la comtesse d'Albany a fait élever à Alfieri, mort en 1803, le tombeau de marbre, l'un des chef-d'œuvres de Canova, qu'on voit dans l'église de Santa-Croce à Florence.

disait : « Il n'y a que Turgot et moi qui veuil-
« lons réellement le bien du peuple. »

En l'absence de M. le lieutenant-général
Jacqueminot, M. le comte Friant (1), l'un des
généraux de brigade de la garde nationale, a
été chargé par le roi, sur la proposition de
M. le comte de Montalivet, du commandement
provisoire des gardes nationales du département de la Seine, et M. le colonel vicomte

---

(1) M. le général Friant était colonel avant la restauration, et avait gagné tous ses grades à l'armée.
Son père, l'un de nos plus vieux généraux division-
naires, a fait toutes les campagnes de la république
et de l'empire, et il a reçu sa dernière blessure à Waterloo où il commandait la garde impériale.

Rampon a été autorisé à continuer d'exercer les fonctions de chef de l'état-major général.

Une estafette a été expédiée sur le champ à M. le général Jacqueminot, pour hâter son retour.

— Le roi a commandé une statue du maréchal Lobau pour le musée de Versailles, et sur la demande de M. Dupaty, député de la Meurthe, S. M. a décidé qu'une statue de ce guerrier serait élevée en bronze, dans la ville où il est né.

On ignore encore, au moment où nous écrivons, quel sera le nouveau chef de la Garde Nationale; ceux qui pensent qu'il n'est pas utile de charger de ce commandement un de nos maréchaux, désignent à la fois le général Jacqueminot, et les comtes Reille et Durosnel; les personnes d'un avis contraire nomment les maréchaux Molitor (né le 2 mars 1770), Maison ( Nicolas-Joseph ), né à Epinay le 19 décembre 1770, qui, officier le 22 juillet 1792, sauva, à la bataille de Jemmapes, le drapeau du 9e bataillon de Paris; se signala dans toutes les campagnes de la république et de l'empire; qui, membre de la chambre des pairs sous la restauration, a constamment voté contre le gouvernement, toutes les fois qu'il a voulu porter atteinte aux libertés du pays, et enfin Gérard (né à Damvillers le 4 février 1773), le seul qui ait rendu des services à la révolution de juillet, le plus populaire de tous, le vainqueur d'Anvers, grand chancelier de la Légion-d'Honneur.

FIN.

# TABLE

## DES NOMS CITÉS DANS L'OUVRAGE.

www.ingramcontent.com/pod-product-compliance
Lightning Source LLC
Chambersburg PA
CBHW070933280326
41934CB00009B/1862